RIQUET À LA HOUPPE

OPÉRETTE

EN TROIS TABLEAUX

RIBÉRAC
IMPRIMERIE, LIBRAIRIE, RELIURE CAMILLE CONDON
1892

RIQUET

A LA HOUPPE

OPÉRETTE

EN TROIS TABLEAUX

RIBÉRAC

IMPRIMERIE, LIBRAIRIE, RELIURE CAMILLE CONDON

1892

Cet exemplaire a été tiré pour

1

DISTRIBUTION :

1. Un Roi . . . .
2. Une Reine . . .
3. Une Fée. . . .
4. Un Berger . . .
5. Un Prince . . .
6. Une Belle. . .
7. Sa Sœur cadette.
8. Un Page . . . .
9. Un 2me Page . . .

RIQUET A LA HOUPPE

OPÉRETTE EN 3 TABLEAUX

1er Tableau

La scène représente un appartement. — Le roi et la reine sont assis auprès d'un berceau. — La reine pleure.

SCÈNE Ire

(Le Roi. — La Reine).

LE ROI

Verrai-je donc ainsi toujours couler vos larmes ?

LA REINE

Quel avenir, seigneur ! justes sont mes alarmes !
Quand je n'y serai plus qui donc voudra l'aimer ?
Il est si laid !

LE ROI

Amie on se laisse charmer
Bien souvent, croyez-moi, des qualités de l'âme...
Je compte pour légère et frivole, la femme
Qui, s'arrêtant surtout au charme extérieur,
Prise peu les vertus que renferme le cœur.

LA REINE

Il en est, cependant...

LE ROI

Il en est, oui, sans doute,
Les lui désirez-vous pour compagnes de route ?
Leur cœur est trop léger pour aimer constamment,

Leur esprit est futile, et nul leur dévoûment.
Notre fils, à l'abri de leur amour funeste,
Attendra plus longtemps un tribut plus modeste.
Mais, obtenant l'amour par sa seule valeur,
Ayant plus sage épouse, aura plus de bonheur.

LA REINE

Mais, songez, mon seigneur, il se pourra qu'il aime,
Qu'il reste dédaigné, qu'une souffrance extrême
Brise à jamais sa force et déflore ses jours...
Quand il sera mourant, d'où viendra le secours ?...
S'il est vrai qu'on peut voir l'âme sur le visage,
Dans ce corps monstrueux, a-t-il l'âme d'un sage ?
Cruelle incertitude ! Ah ! laissez-moi pleurer !
Le ciel, trop irrité, m'interdit d'espérer !!

(Elle pleure plus fort)

LE ROI

Le temps, de tous les maux, infaillible remède
A vaincre ses défauts peut nous venir en aide :
Que de cœurs oppressés on l'a vu soulager...
Le temps peut, à propos venir tout arranger.
Je vous en prie, au moins calmez cette tristesse;
Votre esprit me paraît avoir peu de justesse,
Car, ne vaut-il pas mieux que de se lamenter
Se soumettre à des maux qu'on ne peut éviter.
J'avais, ainsi que vous, entrevu dans un songe
Un avenir riant. Jeu du destin ! mensonge !
Le réveil me meurtrit ; je combats ma douleur,
Toujours au-dessus d'elle il faut placer son cœur.
Comme moi, laissez donc à l'espoir quelque place,
Ainsi que la beauté, parfois la laideur passe.
Craignez, par vos soupirs, d'augmenter le courroux
Des esprits malfaisants prévenus contre nous.

LA REINE

De tous mes beaux projets, je fais le sacrifice,
Mais, si quelque génie, à mon chagrin propice,
Venait pour consoler mon dévorant souci,
Avec quels transports je lui dirais merci !

SCÈNE II

(Les mêmes. — La Fée.

LA FÉE *chante au-dehors*

Quand la nuit, à son voile
Met la première étoile,
Je quitte lentement
Mon beau palais d'argent.

Sous mes pas, l'azur sombre
A des clartés sans nombre,
Qui brillent, moins encor
Que mon carrosse d'or.

Pour parcourir l'espace,
Sans laisser nulle trace,
J'ai douze papillons,
Pour laquais, six grillons.

(Le roi et la reine se regardent étonnés).

Plus d'une libellule,
De son aile de tulle,
Me fait un éventail
Tout pailleté d'émail.

Mon front n'est point superbe :
Sans ployer le brin d'herbe
Je pose mon pied nu ;
Mon nom vous est connu.

(Le roi et la reine se regardent en souriant, leur visage reflète l'espoir. — La fée entre.)

Je suis la fée aux roses !
Chassant les jours moroses,
C'est moi qui peins les fleurs
De riantes couleurs.

Je donne à la jeunesse
La beauté, la tendresse,
L'esprit, les jeux, les ris
Et les chemins fleuris !

Je descends où l'on pleure,
Et la triste demeure
Qui veut me recevoir,
Voit renaître l'espoir.

(Le roi et la reine tombent à ses pieds.)

LA REINE

Hélas ! vous nous voyez, madame, fort à plaindre ;
Rien ne nous sourit plus, nous ne pouvons que craindre.
Le bonheur, pour toujours, loin de nous s'est enfui !
Ah ! pouvez-vous encor nous faire croire à lui ?
Nous attendions un fils, toute notre espérance !
Nous l'avions vu, paré des grâces de l'enfance
Nous l'avions admiré grandi, plein de beauté,
Viril, resplendissant de force et de santé...
Pour réaliser tout, il n'avait plus qu'à naître,
Il naît et c'est un monstre, un infirme, un pauvre être
Dont l'atroce laideur ne se peut supporter
Et je maudis le jour qui me vit l'enfanter !

Verrez-vous une mère au désespoir en proie
Sans ramener en elle une lueur de joie ?

LE ROI

Rendez-moi le bonheur que j'entrevis si doux,
Pour vous en supplier nous sommes à genoux !

LA FÉE

Comme une tendre fleur, éclose
Aux baisers d'un matin vermeil,
La beauté n'est que peu de chose
Et meurt sous les feux du soleil ;
Elle n'est qu'un rose nuage,
Flottant dans l'azur du printemps ;
Et, si rapide est son passage,
Que l'aimer est perdre son temps.
Noter d'un ruisseau le murmure,
Retenir le rayon tremblant
D'un astre, au sein de la nuit pure,
Est plus facile, assurément,
Que d'arrêter l'aile légère
Sur laquelle la beauté fuit.
Sa grâce, lueur passagère,
Vacille aussitôt qu'elle luit.
Mais j'en connais une immortelle,
Digne de nous intéresser,
C'est l'âme qui la garde en elle,
Cette beauté ne peut passer.
A plaire, faut-il vous le dire
Esprit, plus que beauté parvient :
Si l'esprit souvent nous attire,
Le cœur à son tour nous retient
La beauté, futile avantage,
Ne peut nous charmer qu'un instant.

Votre fils aura davantage :
L'esprit bien fait et le cœur grand !

(Elle étend sa baguette sur le berceau et chante).

Refrain

Jeunesse passe,
Beauté s'efface
Comme un flot.
Présent céleste,
L'esprit qui reste
Sera ton lot.

COUPLET

Quand d'aimer, pour toi, viendra l'heure,
Je placerai sur ton chemin
Celle qui doit, dans ta demeure,
Mener le bonheur par la main.
Pour qu'elle puisse mieux te plaire,
En elle tu feras briller,
Pour peu que tu veuilles le faire,
Ton esprit, sans t'en dépouiller.

(REPRISE DU REFRAIN)

(S'adressant aux parents)

(PARLÉ)

Je me charge de le conduire,
Que la gaîté rentre en ce lieu,
Déjà l'aurore est prête à luire,
Il est temps de partir, adieu.

SCÈNE III

Le Roi. — La Reine.

LE ROI

Quoi ! sans prendre un instant pour qu'on la remercie,
Elle part sans savoir combien l'on apprécie
Les dons qu'elle lui fait ! Notre saisissement
Peut à peine excuser un pareil manquement !

LA REINE

Il me paraît, ami, que je sors d'un beau rêve.
Voyez, à l'horizon, la clarté qui s'élève.
N'est-ce point le soleil qui dore les coteaux ?
Jamais ses premiers feux ne m'ont paru si beaux !

LE ROI

Je vois, dans le ciel bleu, flotter de fines ailes,
Je vois voler un char ruisselant d'étincelles,
C'est elle qui s'enfuit, vous n'avez pas rêvé ;
Ce que nous avons vu, vraiment, est arrivé.

LA REINE

O merveilleuse fée ! oh ! pardon si j'hésite
A croire encore au bien que nous fait ta visite,
Pour avoir consolé de malheureux parents,
De la reconnaissance écoute les accents.

LE ROI

Elle est grande et trop grande, hélas ! notre faiblesse ;
Mais un grand cœur, plus haut sait trouver l'allégresse,
Jouis donc en songeant que tu comblas nos vœux,
On conquiert le bonheur en faisant des heureux.

IIme Tableau

La scène doit représenter un bois. — Un berger couché dans l'herbe, fredonne une chanson en tressant une couronne. — Le prince, qui ne le voit pas, se promène à pas lents, tout rêveur.

SCÈNE Ire

Le Berger, puis le Prince.

LE BERGER *chante*

Le feu du soleil s'allume
Sur le lac,
Tous les moulins, dans la brume
Font tic ! tac !
Le coq chante au jour qui brille
A plein cou,
Et dans le bois s'égosille
Le coucou,
Mais tandis qu'encor sommeille
Le beau lac,
Mon cœur, en qui l'amour veille,
Fait tic ! tac !

(Il se tait et continue à tresser la couronne. La musique se fait toujours entendre, puis elle varie et le prince chante à son tour).

LE PRINCE

Le ciel est vêtu de blanc et de rose,
Sur le front des fleurs, le printemps dépose,
En riant sous cape, un baiser joyeux...
La main, dans la main vont les amoureux
Au souffle attiédi des folâtres brises ;

Ils s'en vont, rêveurs, cueillir des cerises,
Foulant sous leurs pas, dans les sentiers verts,
Les muguets des bois, fraîchement ouverts.
La voix des forêts, à pleurer m'invite,
Moi que jusqu'ici le bonheur évite,
Qui n'ai pu trouver le charmant soutien
D'un cœur qui vibrât au rythme du mien.

(Apercevant le berger, il lui parle)

Cette couronne que tu tresses,
Couché dans ces herbes épaisses,
Ami, quel front doit-elle orner ?
Voudrais-tu pas me la donner ?.
Aubépines en robes blanches,
Genêts d'or et fleurs de pervenches
Ont un parfum qui peut calmer,
Car l'âme des fleurs sait aimer. (*)

LE BERGER

Non monseigneur, cette couronne,
Ce matin même, je la donne
Pour un doux regard de ses yeux
Où se mirent pour moi les cieux.

LE PRINCE

Berger, la brillante rosée
Qui, comme des pleurs d'épousée,
Perle au bord des calices blancs,
Verse-la dans mes doigts tremblants ;
Je voudrais goûter ce breuvage
Pour rendre à mon cœur le courage;
C'est celui que l'aurore au jour,
Donne pour avoir son amour.

(*) Ces vers, composés sur le rythme saphique, ne peuvent être que chantés.

LE BERGER

Non, monseigneur, c'est la parure
Que, dans un écrin de verdure,
Je veux lui donner aujourd'hui.

LE PRINCE

Que ne suis-je heureux comme lui !

LE BERGER

Dans cette toilette nouvelle,
Elle sera cent fois plus belle !
De l'aurore, les diamants
Moins que ses yeux seront brillants.

LE PRINCE

Mais quelle est donc cette adorée
Que tu verras ainsi parée ?

LE BERGER

C'est elle, et c'est assez pour moi !

LE PRINCE

Berger, veux-tu devenir roi ?
Je puis soumettre à ta puissance,
A l'instant, mon royaume immense.

LE BERGER

Non, monseigneur, j'ai mieux encor,
Plus qu'un royaume est mon trésor.

LE PRINCE

Laisse-toi tenter par ma gloire :
Tes faits vivront dans la mémoire,
Je prendrai ta place, veux-tu ??

LE BERGER

Monseigneur, l'amour est têtu :
Cessez de m'offrir la fortune,
Hormis l'amour tout m'importune ;
Elle m'a dit : « Je suis à toi ! »
Demain je recevrai sa foi.

(Il s'éloigne en chantant et le prince s'assied pensif au pied d'un arbre. Il ne voit pas les deux sœurs qui arrivent en causant.)

SCÈNE II

La belle. — Sa sœur cadette.

LA BELLE

Ah ! je ne voudrais pas, ma sœur,
Pour un monde être à votre place :
Si, comme vous, j'étais sans grâce,
De rester fille, j'aurais peur.

LA CADETTE

Le beau malheur, voyez-vous pas,
Que d'échapper à l'esclavage !
Ma pauvre sœur, le mariage
Est souvent l'enfer ici-bas.

LA BELLE

Quand on a pour soi la beauté,
On mène son mari, ma chère,
De lui-même il ne songe guère
A forcer votre volonté.
Le mariage est un délice !
Il nous donne humble serviteur,
Docile au plus petit caprice !...
C'est le dernier mot du bonheur.

LA CADETTE

Le dernier mot, oui, bien souvent...
A peine est-il là pour le dire...
A sa parole on va sourire,
Que déjà l'emporte le vent.

LA BELLE (*avec aigreur*)

Alors pour trouver épouseur,
Mon insupportable cadette,
Vous n'êtes jamais inquiète
De l'effet de votre laideur ?

LA CADETTE (*chante ou dit*)

En me plaçant sur cette terre,
Le ciel me fit un beau présent :
Il me donna bon caractère,
Et j'en ai bien besoin vraiment !
Si mon physique est maltraité,
De mon sort je ne fais que rire ;
Si je n'avais pas la gaîté,
Vraiment, ma sœur, ce serait pire !

J'ai reçu de dame nature
Un œil louche à faire frémir,
Autour de moi, si l'on murmure,
Croyez-vous que j'en vais gémir ?
Je me console de mon mieux,
De mon sort je ne fait que rire :
Si je n'avais pas mes deux yeux,
Dites-moi, ce serait bien pire ?

Mon oreille est quelque peu dure,
J'y trouve profit par moments,
Car, ainsi, jamais je n'endure
Les propos qui sont assommants ;

Et puis, pour tout dire en un mot,
Pour si peu, cesse-t-on de rire ?
Si j'étais sourde comme un pot
Franchement ce serait bien pire !

Et quant à cette affreuse bosse,
Dont voulut m'affliger le sort,
C'est sans souci que je l'endosse,
De me plaindre j'aurais grand tort,
Alors qu'on en a deux souvent ;
N'en ayant qu'une je peux rire.
Si j'en avais une en avant,
Je trouverais cela bien pire !

Me voir devenir vieille fille
Est bien supportable, après tout :
Si laide serait ma famille,
Que je n'y songe pas du tout.
Si nul ne tombe à mes genoux,
Plutôt que pleurer, je veux rire,
Si j'avais détestable époux,
Je ne trouverais rien de pire.

Ainsi, ma sœur, veuillez bien croire
La beauté d'un faible secours ;
Plus propre à chasser l'humeur noire,
Esprit bien fait nous sert toujours.
Le grand secret pour être heureux
C'est de savoir à propos rire.
Il n'est rien de si désastreux
Qu'on ne puisse redouter pire.

LA BELLE

Vous vous consolez à merveille,
Nos seigneurs raffollent de vous.

Votre esprit charme leur oreille,
Je n'ai pas de succès si doux !
Vous êtes savante et poète,
Et laide vous plaisez autant
Que moi, qui, dit-on, suis trop bête !
Pour enchaîner un prétendant.
Et je dis qu'on me fait injure,
A le prouver, je veux venir...
Ceux que sait charmer ma figure,
Quel art pourrait les retenir ??

LA CADETTE

Cet art n'a pas d'apprentissage,
Sans s'en douter on plaît parfois...
Sans le savoir nous plaît l'ombrage,
Nous retient la source du bois.
(Avec malice)
Demandez aux tendres fauvettes,
Les chants qu'elles savent rimer,
Ou dérobez aux violettes
L'art qu'elles ont pour parfumer.
(Et elle s'enfuit en riant).

SCÈNE III

La belle. — Le prince.

LA BELLE *(Impatientée)*

Ah ! que le ciel le lui pardonne !
Elle m'agace en vérité !
(Apercevant le prince)
Mais quelle est donc cette personne
S'avançant d'un pas agité ?

LE PRINCE *(d'un air troublé et à part)*

Un cœur qui pût vraiment s'éprendre,
Ne sut jamais dire je crois,
Et le mien ne peut s'y méprendre,
Oui, c'est bien elle que je vois !!!

(Il s'avance vers elle)

Princesse, je voudrais connaître
Le moyen de vous conquérir,
Car en moi vous avez fait naître
Un mal dont je ne puis guérir.

(La belle le regarde avec étonnement)

Oui, sur la foi d'une peinture,
Mon cœur par vous était conquis ;
Princesse, à vos pieds, je le jure,
Tout mon amour vous est acquis.

LA BELLE

Oh ! qu'il est laid !!

LE PRINCE

Ah ! comprenez-moi : je vous aime !
Et rien n'égalera mon feu,
Si, malgré ma laideur extrême,
Vous voulez bien m'aimer un peu.

LA BELLE *(riant niaisement)*

Monsieur, cela vous plaît à dire,
Je vous trouve bien amusant !!

LE PRINCE

Princesse, rien ne peut décrire
De mon cœur troublé le tourment !

(Avec feu)

Ma déesse, que dois-je faire
Pour pencher votre cœur vers moi ??

(Après une pause)
Mais vous persistez à vous taire,
Princesse, dites-moi pourquoi.

LA BELLE

Je comprends bien que l'on m'adore,
Mais ne sais répondre à cela.
Nul seigneur ne m'avait encore
Tenu propos tels que ceux-là.
Chacun d'eux, disant qu'il m'admire,
Auprès de moi vient s'installer,
Mais bientôt, avec un sourire,
Toujours je les vois s'en aller,
Et ma mère me dit : niaise,
Je ne pourrai te marier ;
Tu n'as que ta beauté qui plaise,
Tous te trouvent bête à lier !!
Et cela m'est insupportable,
Au point que je désirerais
Vous trouver, pauvre prince, aimable,
Alors je vous épouserais.

LE PRINCE

Il est trop vrai, je le confesse,
Que rien en moi ne peut gagner
Le cœur de ma belle princesse,
Qui sur le mien a su régner.
Mais une fée, à ma naissance,
Pour me laisser moins malheureux,
En me plaçant sous sa puissance
Me donna de l'esprit pour deux.
En vous je pourrai faire naître
De l'esprit le brillant flambeau,
Si de votre cœur je suis maître,
Et l'amour me rendra plus beau.

Cela peut vous paraître étrange,
Vous n'avez qu'à dire : je veux !
Grâce à cette sorte d'échange,
Ensemble nous vivrons heureux.
Et si ma princesse s'engage,
N'ayant pas d'anneau précieux,
De ma foi, je lui donne en gage
Cette fleur couleur de ses yeux.

(Il cueille une tige de myosotis qu'il tresse en anneau. Il lui met l'anneau au doigt. Elle s'y prête en souriant.)

LE PRINCE

Que votre esprit dès lors se moque
De qui vous parlera d'amour.
De notre hymen fixons l'époque,
Dans un an à semblable jour.

(En ce moment arrivent deux petits pages. Le prince met un genou en terre et quitte la princesse après lui avoir baisé la main).

IIIme Tableau

La scène représente un bois. — La belle s'y promène. — On aperçoit au loin une table dressée autour de laquelle s'agitent un chef d'office et deux ou trois marmitons.

SCÈNE Ire

La belle seule.

LA BELLE

Tous les oiseaux dans les branches
Font leur nid,
Le muguet aux cloches blanches
Refleurit,
L'insecte dans l'air bourdonne
Matinal,
D'aimer la nature donne
Le signal,
Et je connais un beau sire
A ma cour,
Qui veut plus qu'il ne sait dire
Mon amour ;
Dans les yeux, avec adresse,
Femme lit,
Et les siens, pleins de tendresse,
M'ont tout dit ;
Maintenant, à lui je pense
Bien des fois,
Quand j'erre, au sein du silence,
Dans les bois.
(Apercevant les apprêts du festin)
Mais pour qui donc est la fête,
Que sous les rameaux épais

Avec ardeur l'on apprête ? .....
Je ne sais.
Pour répondre à ma demande,
Petit page, approche-toi :
Ce festin, qui le commande ??

LE PAGE

C'est le roi.
Avec une ardeur jalouse
Nous préparons le festin,
Car il va prendre une épouse,
Ce matin.
Depuis un an, il aspire
A voir luire cet instant,
Il n'agit et ne respire
Qu'en aimant.
Il a reçu sa promesse
Au bord de ce frais bosquet,
Aussi le couvert s'y dresse
Tout coquet.

LA BELLE

Ah ! j'avais oublié ! que me voici troublée !
Du chagrin le plus noir je me sens accablée !
Que je voudrais m'enfuir d'ici.
Ma pauvre âme à l'espoir s'est trop abandonnée,
Oui, ce n'est que trop vrai, ma parole est donnée.
Maintenant, quel cruel souci.
A ce prince je dois de la reconnaissance :
C'est grâce à son esprit que je plais, qu'on m'encense ;
Mais au moins qu'il me soit permis
De dire que pour lui mon cœur n'a rien de tendre.
Et qu'à me voir l'aimer il ne peut pas prétendre,
Que sans réfléchir j'ai promis.
(Elle s'assied et pleure).

SCÈNE II

La Belle. — Le Prince.

LE PRINCE

Sous le soleil l'onde étincelle,
La forêt paraît belle
Au vent mutin,
Dans mon cœur chante l'espérance,
J'ai douce confiance
En mon destin !
(Apercevant la belle, il s'approche et met un genou en terre).
Vous revoir, ô ma déesse,
A mon cœur est doux,
(Il la regarde surpris).
Mais, portez-vous la tristesse
A ce rendez-vous ?
Dans vos yeux brillent des larmes,
Et je vous défends
D'augmenter ainsi leurs armes,
Déjà je me rends.
Est-ce l'émoi, la tendresse
Qui vous trouble ainsi ?
Parlez, la crainte m'oppresse
Et je pleure aussi.
Mais vous gardez le silence !
Vous pleurez toujours !
Calmez mon impatience,
Parlez sans détours.

LA BELLE *(embarrassée)*

Je ne puis parler sans crainte,
Je vais vous meurtrir,
Et pourtant, je suis contrainte
De tout découvrir.
Prince, oubliant la parole

Donnée autrefois,
Vers un autre, mon cœur vole
Et fixe son choix,
Mon cœur fut, je vous l'assure;
Pour vous toujours froid.

LE PRINCE

D'être ainsi fausse et parjure
Avez-vous le droit?
Si près de vous l'on s'empresse,
Grâce à votre esprit,
C'est bien que de ma richesse
Vous tirez profit.

LA BELLE

Grâce à cela, je l'avoue
Mon sort fut meilleur,
La gratitude me cloue
Où n'est pas mon cœur.

LE PRINCE

Non, je ne veux rien par force!
Cruelle beauté,
Qui se prend à ton amorce
Perd sa liberté !
Allez où l'amour vous mène ;
Votre amant en pleurs,
Désormais, belle inhumaine,
N'aura que douleurs.

LA BELLE

Mais, prince, je vous estime

LE PRINCE

Aimer est plus fort

L'indifférence est un crime
Qui donne la mort.

SCÈNE III

Les mêmes. — La fée.

LA FÉE

(Même air. — La musique joue un instant. Elle entre et chante).

Je suis la fée aux roses,
Chassant les jours moroses,
C'est moi qui peins les fleurs
De riantes couleurs.
Je donne à la jeunesse
La beauté, la tendresse,
L'esprit, les jeux, les ris
Et les chemins fleuris.
De l'amour je dispose,
Et c'est moi qui dépose
A mon gré, dans les cœurs,
Ses suaves douceurs.

(Le prince et la princesse surpris se précipitent à ses pieds)

LA FÉE *(au Prince)*

Prince, vous aviez ma promesse
De veiller sur votre avenir.
Vous souffrez, voyez je m'empresse
Auprès de vous de revenir.
(A la princesse)
Vous avez, princesse, en partage,
De l'esprit, mais sans jugement,
Vous devez devenir plus sage
L'amour fera ce changement

Sachez qu'un enchanteur, ma belle,
Au berceau vous donna pouvoir
De rendre beau l'amant fidèle
Qu'avec amour vous pourrez voir.
C'est donc votre cœur que je touche ;
L'amour va lui dicter ses lois
Et c'est lui, qui, par votre bouche,
Va nous faire entendre sa voix.
(Elle les touche tous les deux de sa baguette).

LA PRINCESSE

Ah ! si mon prince m'aime encore
Je l'aimerai jusqu'au tombeau !

LE PRINCE *(tombant à ses genoux.)*

Ma princesse, je vous adore !

LA PRINCESSE

Jamais je ne vous vis si beau !
D'être à vous, toute ma vie,
Je fais ici le doux serment.

LE PRINCE

Princesse, mon âme est ravie
En ce délicieux moment !
S'adressant à la fée)
Merci, puissante protectrice,
Que dirons-nous pour te bénir ;
Garde toujours, ô bienfaitrice,
Notre bonheur loin de finir.

LA FÉE

(Chante, étendant sa baguette sur les deux jeunes gens qui se tiennent par la main.)

Que pour vous se lève sans voiles
Au firmament, brillant d'étoiles,

La lune de miel ;
La coupe de vos jours est pleine,
Enfants, buvez à longue haleine,
Car elle est sans fiel ;
Pour vous, l'amour, enfant folâtre,
Reployant l'aile, auprès de l'âtre,
Restera bien sûr,
Et le bonheur, fleuve tranquille,
Baignera toujours votre asile
De ses flots d'azur.

(*Duo*).

LE PRINCE

Ce soir, sur l'herbe fine,
Que le ciel illumine,
On dansera.
Ta tête, ô ma divine,
De la blanche glycine
On parera.

LA PRINCESSE

Dans les vertes ramures.
De ravissants murmures
Circuleront,
Et nos cœurs pleins d'ivresse,
Bercés dans l'allégresse,
Y répondront.

LE PRINCE

Cachés dans le feuillage,
Dont ils aiment l'ombrage,
Nous trouvant beaux,
Ils chanteront plus pure,
Leur ode à la nature,
Les doux oiseaux.

LA PRINCESSE

Et la chanson plaintive
Que, penché vers la rive,
Dit le roseau,
Ou l'hymne de tendresse
Qu'au lierre qui le presse,
Chante l'ormeau !
(Ils reprennent ensemble)
Ce soir, sur l'herbe fine,
Que le ciel illumine,
On dansera.

LE PRINCE

Ta tête, ô ma divine,
De la blanche glycine
Se parera.
Les astres de la nue,
A ta grâce ingénue,
Scintilleront.

LA PRINCESSE

Ainsi que nos pensées,
Nos deux mains enlacées,
Se presseront.
(Ensemble)
Dans les vertes ramures
De ravissants murmures
Circuleront,
Et nos cœurs pleins d'ivresse,
Bercés dans l'allégresse,
Y répondront.

LA FÉE

L'amour est un charmeur d'oreilles,
Il sait opérer des merveilles,

Mais il est aussi, ce dit-on,
C'est en vain qu'on veut nous l'apprendre,
Un piège où chacun va se prendre,
C'est, au moins, un adroit larron,
Il nous dévalise, il nous vole
Et nous croyons, sur sa parole,
Pouvoir reprendre notre cœur,
Quand nous voyons qu'il reste maître ;
Nous voulons bien le reconnaître,
L'amour est un grand enchanteur,
Le bonheur, facile conquête,
Approche au coup de sa baguette,
Lui seul il sait tout transformer.
Avez-vous l'existence à charge,
Il vous mettra le cœur au large :
Pour vraiment vivre, il faut aimer.
Il a des châteaux en Espagne,
De beaux sites dans la montagne,
Des oasis, plein le désert ;
Plus entreprenant qu'Alexandre,
Autant que Paris il est tendre
Et plus que Cicéron disert ;
Il rend les laides adorables,
Et les maussades fort aimables.
Aussitôt qu'il vient à briller
La moins coquette cherche à plaire,
Le plus sot se dispose à faire
De longs discours sans sourciller ;
Il luit, sa lueur est troublante
Et notre raison chancelante
Voit toute chose de travers ;
Le plus sobre se prend d'ivresse,
Le sage a perdu sa sagesse,
Le philosophe fait des vers,

L'amour, donne, chose incroyable,
Aux nigauds un air agréable
En leur faisant l'esprit moins lent.
L'homme d'esprit dont il s'empare
En éprouve un effet moins rare
Qui le rend sot complètement

(*Reprise du dernier couplet du duo,* si l'on veut, *ou sur le même air ajouter*),

Ne quittez pas la salle
Sans tirer la morale
De ce récit ;
Si l'amour, de sa flamme,
Déjà brûle votre âme,
Je n'ai rien dit ;
Si ce rayon qui dore
Ne vous luit pas encore
Je vous redis :
Redoutez la sirène
Dont la voix charme et mène
Où l'on est pris.

Il a été tiré, de cet ouvrage, 25 exemplaires numérotés de 1 à 25.

RIBÉRAC. — IMPR. CAMILLE CONDON.

www.ingramcontent.com/pod-product-compliance
Ingram Content Group UK Ltd.
Pitfield, Milton Keynes, MK11 3LW, UK
UKHW021040220726
13924UKWH00001B/440